這本書的小主人 _____

小小光線設計師
上街兜兜風

編者的話

　　微軟（**Microsoft**）公司的創辦人比爾‧蓋茲（**Bill Gates**）曾說：「我認為每個人都能從學習基礎的電腦科學中獲益。它讓你學會去問終生適用的重要問題：你如何完成任務？」在這個科技日新月異的時代，要培養孩子適應快速變動的環境，成為不斷自我充實的學習者，最新的教育素養──**STEAM** 教育（科學、技術、工程、藝術、數學）應運而生。

　　STEAM 教育除了鼓勵跨領域學習外，更重視引導孩子建立邏輯思維，鍛鍊出運用所學、所知於日常生活的能力。而在這個時代，資訊科技便是孩子觀察世界、思索疑問的好工具。因此，本系列產品從生活化的故事場景展開，旨在陪伴孩子探索身旁的多元資訊，進而學習透過自身的觀察，對目標提出合理假設，最終運用電腦編程來驗證假設、實踐目標。

　　〈上街兜兜風〉講述了一個主角一家假日臨時起意，出門兜風、欣賞煙火的輕鬆故事，但即便是熟悉的城市和再平凡不過的街角光景，環境中的每個角落其實都充滿值得探索的新知。引導孩子以好奇、求知的眼光覺察隱藏在日常生活中的新世界──不論是紅綠燈，或是電腦編程──即是我們編撰的目標。

　　【**AI** 科學玩創意】運用可愛、有趣的元素，展現深入淺出的生活科學原理；以嚴謹但不嚴肅的基調，引導孩子在日常生活中建構條理分明的電腦邏輯思維，讓小讀者們在舒適的閱讀過程中汲取新知、親手編程，厚植邁向 **AI** 新時代的關鍵「資訊力」。

特色

故事為中心，讓知識融入生活

以小波一家人的登場為開頭，藉由孩子天真發問的口吻，點出生活現象背後隱含的知識與原理。在引導小讀者進行邏輯思考的同時，更能和自身生活環境結合，增加自主學習的熱情，培養見微知著的觀察力。

循序漸進的說明方式，包羅萬象的內容呈現

書中透過小波和莉莉對生活環境的觀察，進一步延伸到文化與科技上的應用、思考，讓小讀者能從熟悉的生活經驗出發，在閱讀過程中一步步拓展、發掘未知的學習領域，領略知識與科技的美好。

跨領域多元學習，培養多重能力

本產品以國際風行的「**STEAM**」教育為核心，內容結合自然科學、資訊科學、數學、藝術、語言、文化、道德等多元素養，幫助孩子建立跨領域思維，訓練邏輯思考、閱讀及理解能力。

目錄

人物介紹

媽媽

學校教師,年齡約 40 左右,
個性細心、平易近人。

爸爸

學校教師,年齡約 40 左右,
個性溫文爾雅、有耐心。

莉莉

4 歲的小女孩,
活潑可愛。

小波

7 歲的小男孩,
喜歡科學、充滿好奇心。

派奇

很聰明的機器人,
可以和人類對話。

星期天下午，小波一家人正聚在客廳，一起看每週播出的益智問答節目。大夥兒互相討論主持人的考題，就和電視上的參賽者一樣激動、興奮，完全沒注意到窗外的天色已經逐漸暗了下來。

　　直到進廣告時，小波才喊叫起來：「哇！什麼時候家裡變得這麼暗呀？」

　　怕黑的莉莉也回過神來，一馬當先點亮了客廳的燈，開心地說：「雖然太陽準備要下山了，不過我們只要打開電燈，就可以繼續看電視了呀！」

媽媽伸了伸懶腰，說：「唉呀！我們都看得太入迷了，陽光都消失了還沒注意到！這麼暗對眼睛可不好！大家都起來動一動，讓眼睛休息一下吧！」

就在爸爸要關掉電視機時，突然插播了一則新聞，原來是 AI 市裡的智慧大樓即將在今晚演出特色煙火秀。

爸爸立即提議：「不如我們出門走走，順便去看煙火吧！」

「這個主意真棒！」媽媽贊同道：「小波、莉莉，趕緊去換衣服吧！要出門兜風囉！」

一切準備就緒後，爸爸發動引擎，開啟車燈，載著一家人往 AI 市中心去。距離煙火秀開始還有一些時間，小波一家決定不走平常走的快速道路，而是沿著市區道路慢慢前進，欣賞假日期間熱鬧的城市風光。

隨著天色變暗，路燈、商店招牌都亮了起來。原本沒有開燈的車子也陸續亮起車燈，AI 市夜晚的街道就像白天一樣明亮。

莉莉被一家咖啡館的霓虹招牌吸引了注意力，興奮地說：「這些燈好美喔！我覺得街道比白天更漂亮了！」

　　「原來街上有這麼多燈！」小波問：「這世界上總共有多少種類的燈呢？」

　　爸爸笑著說：「真是個好問題！光是這條街，也許就有超過一百種燈呢！」

　　「因為人們有各式各樣的照明需求，有時需要亮一點；有時則不能太亮；有時則需要不同顏色的燈光……所以才會製造出這麼多種的燈呀！」媽媽說。

科學放大鏡 生活中的光源

　　所有能夠發出光線的物體，都可以稱為「光源」。

　　光源的種類有很多，像是太陽、閃電、火焰、電燈、手電筒等等，都是我們日常生活中常見的光源。

　　對於生活在地球上的人類來說，最主要也最容易取得的光源，便是天空中的太陽。但是，陽光很容易受到天氣、時間、地點等因素影響，難以讓我們隨心所欲地照亮眼前的事物。

　　因此，人們便發明了火把、油燈、蠟燭、電燈等便於操控、能夠符合不同使用需求的「人造光源」，用來彌補陽光的不足。

路燈

紅綠燈

車燈

　　漸漸地，人類的文明已經無法脫離這些照明設備的協助。尤其在電力普及的現代社會中，更是隨處可見各種不同類型、用途的燈具和燈光。想想看，當我們走在城市大街上，能觀察到多少不同種類的人造光源呢？

商店燈光

11

當他們來到捷運站附近的商店街，小波突然伸手指向人行道，高聲喊道：
「快看！那邊的路燈造型和車道上的不一樣耶！好漂亮喔！」

「小波，車子正在行駛中，不可以把頭、手伸出窗外喔！」媽媽發現小波
正趴在窗邊往外看，趕忙提醒他：「這樣很危險，也會妨礙其他車輛。」

「對不起，我太高興就忘記了！」小波立刻坐好，並且迅速將車窗關上。

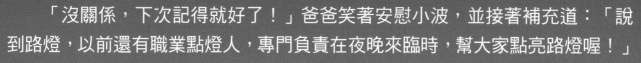

「沒關係，下次記得就好了！」爸爸笑著安慰小波，並接著補充道：「說到路燈，以前還有職業點燈人，專門負責在夜晚來臨時，幫大家點亮路燈喔！」

莉莉驚嘆：「哇！那他每天要按多少次路燈開關呀？」

爸爸說：「我們現在的路燈，主要都是以電力當能源的『電燈』。但是，在電燈發明、普及之前，則是由點燈人點燃燈裡的煤氣、蠟燭來照明。所以，我們可能要問他『每天點多少次火』才對呢！」

火與電：照明的歷史

在我們的日常生活中，最常見的照明設備就是電燈。電燈有各種不同的種類，發光原理也可能有所不同，但都是以「電力」當作能源來產生亮光。不過，在人類學會用電、發明電燈以前，最主要都是利用「火」來照亮東西。

火把

在中國的傳說中，燧人氏發現了鑽木取火的方法。火光能照亮黑暗，而在歷史上，石器時代的人類就已經懂得使用火，因此火可說是最古老的照明設備。

牛、羊脂

鯨油

蜂蠟

煤氣燈

蠟燭與油燈

除了火把、火堆，人們還會用蠟燭與油燈來照明。製作蠟燭的原料和油燈的燃料種類很多，從動物油脂到石油工業的產物都有，除了會影響明亮程度，還有氣味、煙霧多寡等差異。因此人們不斷嘗試新材料、改良燈具，以求取更好的照明體驗。

白熾燈

　　「白熾」是物體被加熱到高溫發光的狀態，而白熾燈便是利用電流加熱燈絲來發光，以特殊金屬「鎢」製成的鎢絲燈泡為代表。

　　歷史上有許多科學家都曾加入白熾燈的研發行列，最知名要屬美國的發明家愛迪生（Thomas Edison）。他總結了前人的經驗，成功改良出適合大量生產的燈泡，並連同供電系統，將「電燈」的概念普及化。從這時起，人類社會便逐漸踏上用「電光」取代「火光」之路。

LED 燈

螢光燈

白熾燈

螢光燈

　　螢光燈又稱「日光燈」，是利用電流使燈管內的氣體產生紫外線，再與特殊塗層反應發光的燈具。由於燈管內含有汙染物質，廢棄時要特別回收，不能隨便棄置。

LED 燈

　　LED 是「發光二極體」（light-emitting diode），是一種通電後會發光的半導體。由於發光效率高、低汙染，因此用途廣泛，是目前用來製造燈具的主流材料之一。

「原來不只電燈有很多種，用火照明的設備也有蠟燭、油燈、火把……這麼多呢！」小波扳著手指邊數邊說。

突然，莉莉興奮地喊著：「哥哥！看！是學校耶！」

小波一看，開心地說：「真的耶！我第一次看到晚上的學校！」他興奮地東張西望，接著便「啊」了一聲，說：「是我們的班導師！」

「在哪裡？」媽媽問。

小波說：「在那個『藍色30』的牌子旁邊！她和師丈正等著過斑馬線呢！」

「『藍色 30』？」媽媽疑惑地順著小波的手勢看去，這才恍然大悟：「喔！我看到了！小波，他們是在『最低速限 30 公里』的牌子旁邊。」

小波驚嘆：「媽媽，你好厲害！牌子這麼遠，你還看得見上面寫的小字呀？我只看得見數字而已 ……」

「不是的，小波，」媽媽被小波豐富的想像力逗笑了，她解釋道：「馬路上有許多『標誌』，提醒車輛、路人遵守特定規則。雖然不一定會寫出文字，但不同顏色、形狀的標誌，都代表了不同的涵義喔！」

馬路上的標誌

　　在我們的生活中，有許多用「圖像」來表現「指示」、「規則」的標誌。標誌有許多不同的種類和作用，其中最常見的便是我們每天一出門，就會在馬路上看到的各種「交通標誌」。

　　交通標誌屬於交通規則的一環，扮演著引導用路人（車輛駕駛、路人等）遵守特定規則的重要角色。我們要學會認識這些標誌所代表的意義，才能安全又順利地在道路上前進。想一想，你是否曾經在路上看過這些標誌？又是否知道它們代表什麼意思呢？

與 駕駛速度 有關的標誌

與 注意、警示 有關的標誌

最高時速限制
最快每小時
50公里

最低時速限制
最慢每小時
30公里

當心兒童

路面顛簸

注意強風

與 禁止 有關的標誌

禁止左轉　　禁止超車　　禁止大客車進入　　禁止臨時停車　　禁止會車

除了普通的標誌看板之外，現在有越來越多裝設了燈光的標誌，讓用路人在夜晚也能看得清楚。

標誌的表現方式以及代表的意義，會因不同國家、地區而有所差異。當我們有機會到其他國家旅行時，也要好好了解當地的標誌，遵守交通規則，才能快樂出門、平安回家喔！

大家有說有笑，一邊尋找有趣、少見的交通標誌，一邊談論著街道旁新奇的商店和來往的行人，不知不覺已經來到智慧大樓的前一個路口。

爸爸將車子停下來等紅燈，這時，小波發現，斑馬線上的行人經過車頭的燈光時，身後的影子會不斷變化位置和形狀。

他忍不住問：「影子為什麼一直在變呢？」

爸爸說：「影子的位置、形狀，和光源的狀況也有關聯喔！你回家後可以做個實驗試試看！」

影子的變化　　實驗步驟

準備材料

☑ 厚紙卡
☑ 竹籤
☑ 筆
☑ 手電筒
☑ 量角器

材料都準備齊全後，就可以開始進行實驗囉！

STEP 01

首先，在 **A4** 大小的厚紙卡，畫上一個「十字」。接著再把竹籤立於十字的中央，並對準量角器的 **90** 度線。

試試看，手電筒在量角器 30 度的位置時，燈光接近竹籤一點，或是遠離竹籤一點，影子會產生什麼變化呢？

30 度

60 度

90 度

120 度

150 度

關上燈，拿出手電筒，從量角器 30 度的位置照射竹籤，並在紙卡上畫出影子末端的位置。

接著，再用手電筒的燈光，分別從 60 度、90 度、120 度及 150 度角照射竹籤，並在影子末端標示記號。完成後，仔細觀察這些記號分布的位置。小朋友，你發現了什麼呢？

你看見了什麼？

透過實驗，我們可以發現，手電筒從 **90** 度角照射時，影子最短，短到幾乎看不見；從 **30** 度角和 **150** 度角照射時，影子最長。

因此可以推斷，光源照射的角度越傾斜，影子越長。而影子也會因為光源的移動改變位置，當光源在左邊時，影子就會出現在右邊；光源在右邊時，影子就會出現在左邊。

想想看，如果光源不是使用手電筒，而是太陽的話，一天之中的什麼時候影子會最短，什麼時候又最長呢？

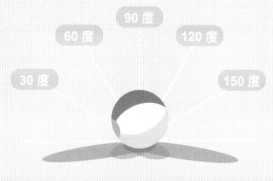

小波一家停好車後，便順著步道朝觀景區走去。當大家穿過人群，來到智慧大樓旁邊的觀景區時，煙火秀正好開始了。

五顏六色的煙火在夜空中輪流綻放，變化出各式各樣的圖案。莉莉看得目不轉睛，開心地拍著手：「好漂亮！」

煙火秀結束後，小波一家人直奔附近的夜市。他們不僅買了有名的人氣炒麵當晚餐，小波還從打地鼠遊戲攤贏了獎品——一個小小的玩具車模型。

回到家，大家還在吃炒麵，小波就迫不及待地拿出模型來玩。他高興地提議：「莉莉，你看！這輛車像不像我們家的車子？我們等一會兒可以讓你的娃娃坐在車上玩兜風遊戲，就像我們今天出門看煙火一樣！」

莉莉說：「可是這輛車不會跑，車燈也不會亮……而且我們在家裡面，又沒有出門，要怎麼兜風呢？」

　　派奇看了看玩具車，說：「我知道怎麼讓車燈亮起來喔！只要你們把街道、路燈和紅綠燈做出來，就算我們待在家裡，也可以實現『上街兜風』呀！」

　　小波聽了，開心地喊：「包在我身上！準備兜風去囉！」

趣味實作 停看聽

實作模組材料準備及安裝

電子教具明細

AAA 電池 x4
（需自備）

小拍
（需自備）

單顆 LED 燈 x2

雙顆 LED 燈 x1

三顆 LED 燈 x1

電池盒

連接線 20cm x2

連接線 25cm x2

產品購買資訊
目川文化官方購物網

憑折扣碼 AIS300 至官網
購買主機板享優惠價

電子教具安裝步驟

❶

將 **4** 顆電池按照正、負極，
放進電池盒裡。

❷

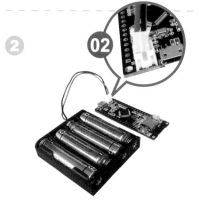

依照插頭方向，將電池盒上的電
線接到小拍的 **02** 槽。

❸

ePy0003F1-ED

www.easy-py.net 要求配對

ePy_0003F1-ED

配對   取消

開啟電腦藍牙，並搜尋和小拍
符合的號碼，確認電腦和小拍
是否成功連線。

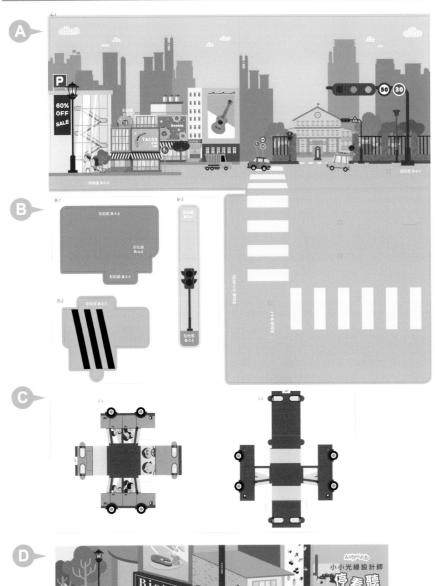

- Ⓐ **A - 1** 布景卡
- Ⓑ **B - 1** 人行道
- **B - 2** 安全島
- **B - 3** 行人紅綠燈
- Ⓒ **C - 1** 車子
- **C - 2** 車子
- Ⓓ **D -** 收藏夾
- Ⓔ **E -** 魔鬼氈

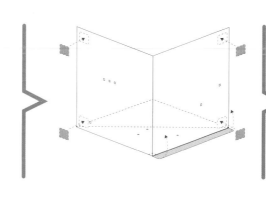

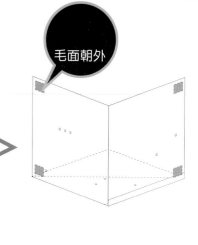

毛面朝外

將黏貼處 **A-1** 依圖示固定　　　將魔鬼氈貼到布景卡的邊角

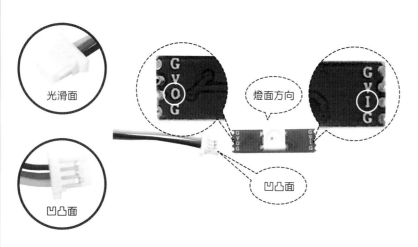

光滑面

凹凸面

燈面方向

凹凸面

◆ 每一條連接線有兩端，每一端的插頭有兩面：光滑面及凹凸面。

◆ 凹凸面及燈面方向須朝同一側。

◆ 連接 **LED** 燈時，連接線從 **I** 端（**Input** 輸入）接入，由 **O** 端
（**Output** 輸出）接出，再接入下一個 **LED** 燈的 **I** 端，以此類推。

◆ 連接小拍 **01** 槽的連接線，須接入 **LED** 燈的 **I** 端。

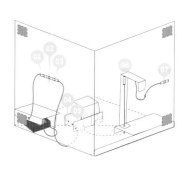

將連接好的 ❶～❼ LED 燈，
依照順序放進孔洞中，並用
紙膠帶固定。

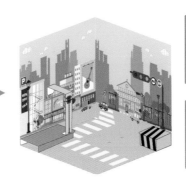

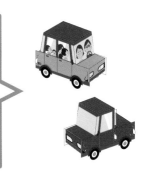

將黏貼處依圖示固定　　　　完成　　　　組裝 C-1、C-2

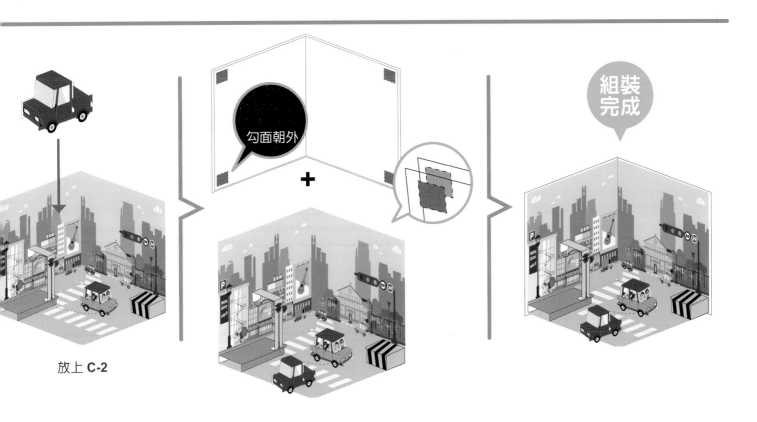

放上 C-2

不要啦！紅燈和綠燈同時亮的話，會造成交通混亂耶！除了亮燈順序，還有燈的顏色……要怎麼做，看起來才像在街上兜風呢？

看來你們需要先討論一下這個「任務」的細節，接著再一起找出最適合完成這個任務的「演算法」。

派奇，什麼是「演算法」呢？

我們的任務是什麼呢，派奇？

我認為「任務」就是你們現在想要完成的目標，也就是「做出像在街道兜風的燈光效果」；「演算法」則是完成任務的方法、步驟和過程。

演算法：完成任務的步驟

小朋友，當我們決定了想要完成的「任務」之後，通常就會開始思考達成目標的方法，並且預測過程中的步驟及先後順序，這就是「演算法」。假設任務是「泡一杯茶」，我們在腦海裡構思的演算法可能會是這樣的：

| 倒入茶葉 | 加入熱水 | 等待一會兒 | 倒出品嘗 |

不過，即便是相同的任務，由於每個人對於完成目標的想法不一樣，或因為工具、環境等因素的差異，便可能產生不同的演算法或實驗結果。比方說，我們理解的「泡茶演算法」，如果交給電腦來執行，就可能產生這種結果：

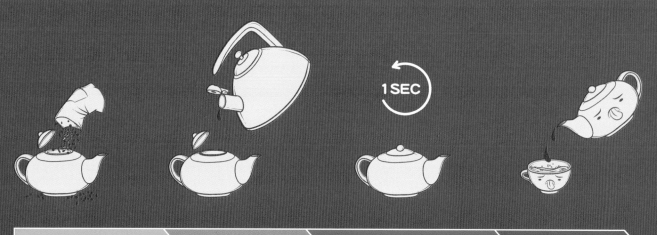

| 倒入茶葉 | 加入熱水 | 等待一會兒 | 倒出品嘗 |

原因在於，電腦看起來會思考，實際上是「一個口令，一個動作」地執行我們的指令，而無法自行判斷「倒入適量的茶葉」、「加入差不多 8 分滿的熱水」、「依照個人喜好等待相應時間」這種模糊的細節。

因此，在我們想出一個演算法之後，就要實際進行測試。如果實驗結果與原本的目標不一樣，就要修正演算法，並繼續測試，直到能完成任務為止。

確認任務目標　達成目標的方式　進行實驗　完成

和「小拍」一起完成任務

小波和莉莉做出 AI 市的街道後，為了點亮汽車大燈和紅綠燈，需要學習使用「PyCode」來和主機板「小拍」溝通。

小拍就像我的大腦一樣，負責處理訊息，讓我能理解你們說的話。
它也能控制 LED 燈，只要使用 PyCode 下指令，它就能做出各式各樣的燈光效果喔！

PyCode

PyCode 是一種圖像化的「程式語言」（用來和電腦溝通的指令），看起來像色彩繽紛的拼圖。只要依照規則拼接不同的方塊，就能讓小拍實現你想完成的效果。

功能模組

程式完成後，使用者
必須按下這個按鈕才
會開始運作

PyCode 是基於 Google
開發的 Blockly 為孩子量身
打造的程式編寫工具，也是
孩子學習 Python 的啟蒙基
礎，讓孩子透過方塊指令，
輕鬆和電腦開啟對話。

PyCode   功能   執行   檔案列

🗨 語言   🖥 主機板

延伸功能
語　言：
選擇介面呈現的語言
主機板：
選擇目前要使用的主機板

🧩 邏輯
🔄 迴圈
f(x)= 數學
ABC 文字
📋 列表
🎨 顏色
✳ 變數
📐 函數
🤖 主機板
❓ 應用

開啟先前儲存的檔案

儲存檔案

一次清除所有在編輯區的程式

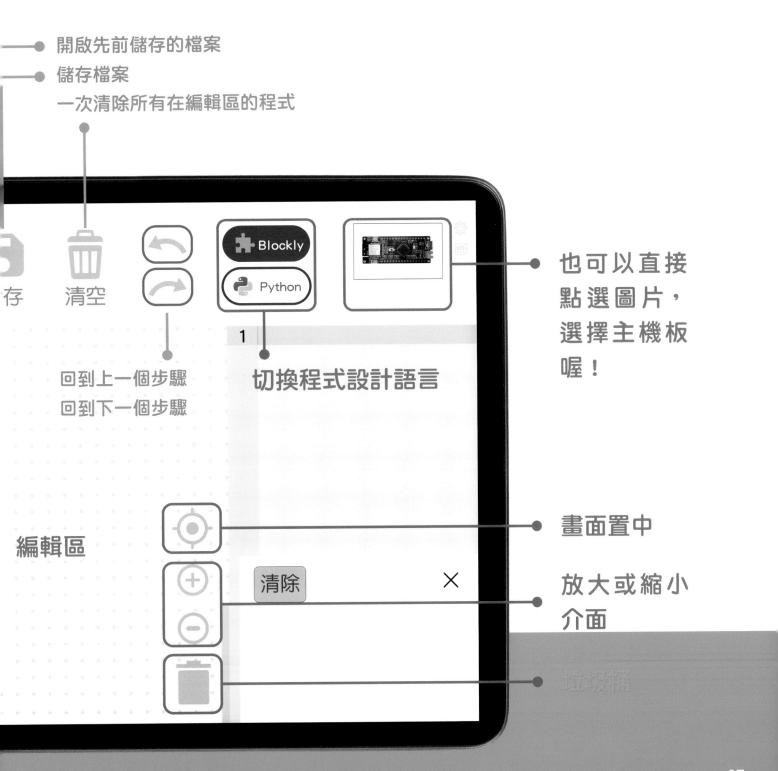

存　　清空

回到上一個步驟
回到下一個步驟

Blockly

Python

1

切換程式設計語言

編輯區

清除　　　　　　　　×

也可以直接
點選圖片，
選擇主機板
喔！

畫面置中

放大或縮小
介面

垃圾桶

派奇，我想要先打開汽車的大燈，要怎麼用 **PyCode** 請小拍幫忙呢？

莉莉，小拍不知道「汽車大燈」是哪個燈喔！所以你需要先數一數，告訴它現在應該控制的「燈號」是多少。讓我數一次給你看吧！

小拍能夠外接最多 **64** 個 **LED** 彩色燈，它會分配給連接到身上的每一個燈一個號碼，最靠近小拍的彩色燈就是「彩色燈 1」，接下來就是「彩色燈 2」……依此類推。

彩色燈 1　　彩色燈 2　　彩色燈 3

在控制燈光之前，我們要先弄清楚現在要設定的燈號，小拍才能正確做出反應喔！

　　確定了燈號之後，接著就要認識 **PyCode** 中用來控制燈光的指令。請先點選畫面左側列表中的 🔌 主機板 ，接著點選 💡 LED燈 。能夠控制燈光的選項都在這個分類中：

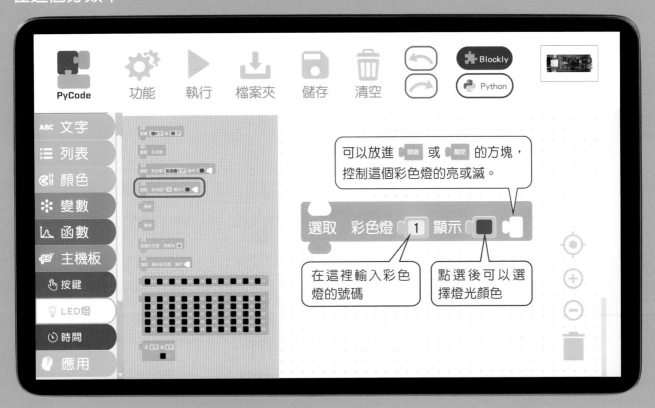

　　因為汽車大燈有兩個，我們需要設定兩個彩色燈方塊，並把它們接在一起，才能同時控制兩個燈光。

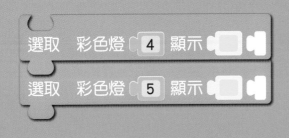

小拍是「由上往下」執行 **PyCode** 指令，所以會先處理上面的方塊（彩色燈 4），接著才是下面的方塊（彩色燈 5）。但是小拍的動作非常快速，所以看起來是兩個燈同時產生反應。

💡 LED 燈

設定完成後,離成功點亮大燈只差一小步囉!我們還需要告訴小拍,這兩個燈的狀態是「開啟」還是「關閉」。從列表中找出對應的方塊,選擇  ,並和彩色燈組合起來:

接著,按下上方工具列的「執行」,告訴小拍「開始動作」,就能順利開啟汽車大燈囉!

PyCode

功能

執行

檔案夾

儲存

清空

太棒了!燈亮了!

派奇,我想讓車燈先亮一會兒之後再關燈,但是小拍關燈的速度太快了,該怎麼辦呢?

想讓小拍在執行 **PyCode** 的過程中「等一等」，就需要用到「等待」方塊。
我們可以在 ⏱ 時間 分類中找到它：

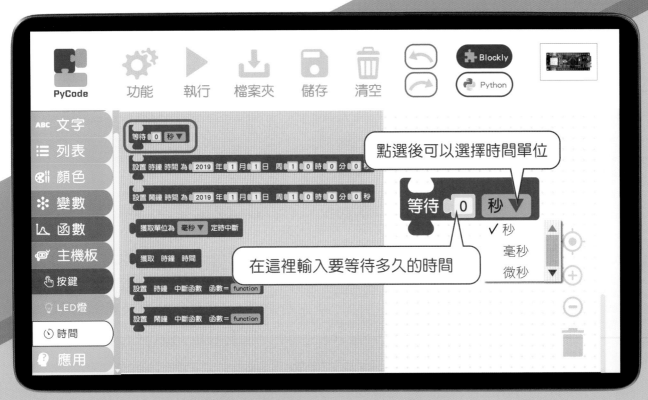

舉例來說，我們可以設定「等 3 秒鐘」之後再關燈，接著把等待方塊放在
關燈的指令之前，這樣小拍就會知道亮燈之後先等 3 秒，而不會馬上就關燈囉！

如果想要一次關掉所有彩色燈，也可以用這個方塊喔！

41

觀察：煞車燈的變化

　　小波想起在兜風的過程中，當前面的車慢下來停紅燈時，車尾的紅燈會變得更亮。媽媽告訴他，這是汽車「煞車燈」的特殊設計，代表前面的車已經開始減速，提醒後面的駕駛要注意保持安全距離，以免發生事故。

小拍也能讓燈光變得更亮嗎？

紅色的車尾燈　　　踩煞車時，燈變亮

預測：如何變亮？

　　小拍是用「數字大小」來調整燈光的亮度，從 1 ～ 100，數字越大就代表燈光越亮。原本的亮度是「10」，想要燈光變暗或是變亮，就要用 PyCode 來改變這個數字！

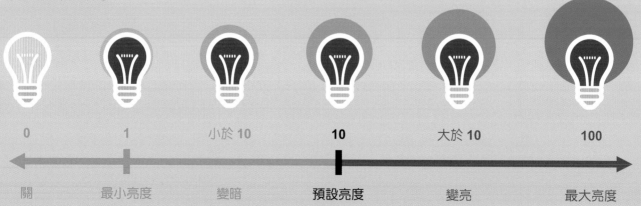

0	1	小於 10	10	大於 10	100
關	最小亮度	變暗	預設亮度	變亮	最大亮度

改變亮度大小的指令方塊，一樣是在 LED燈 的列表中：

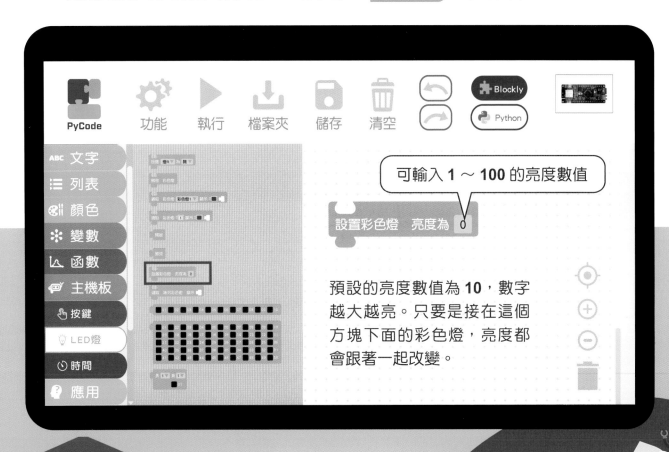

可輸入 **1 ~ 100** 的亮度數值

設置彩色燈　亮度為 0

預設的亮度數值為 **10**，數字越大越亮。只要是接在這個方塊下面的彩色燈，亮度都會跟著一起改變。

小叮嚀：光線太強可能會使眼睛受傷，在調整亮度時要小心喔！

派奇考考你 ①

想想看，如果想讓車燈開啟 **5** 秒後變亮，再過 **3** 秒後，變得比原本還暗，並在 **1** 秒後關閉，可以怎麼做呢？

建議方案請參考第 **49** 頁

實測：創作亮度變化效果

　　學會改變燈光亮度後，莉莉將燈光改成藍色，並且調整光線的明、暗，讓汽車大燈做出像眨眼睛一般的閃爍效果：

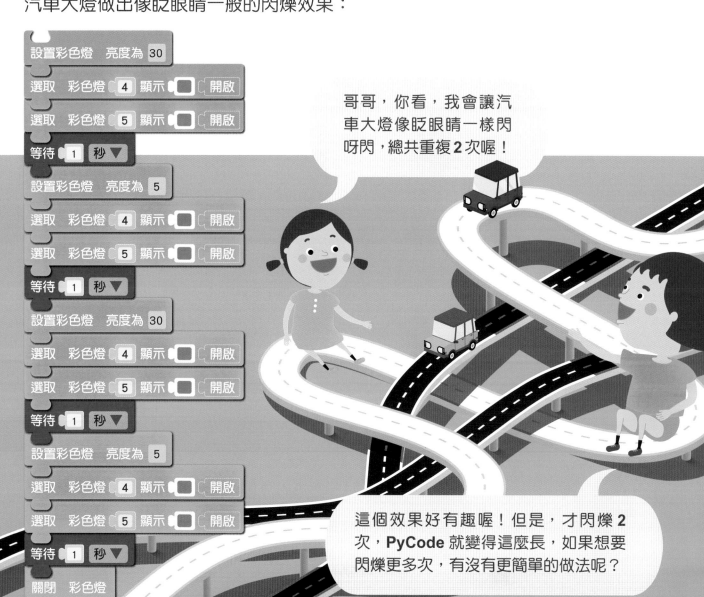

設置彩色燈 亮度為 30

選取 彩色燈 4 顯示 開啟

選取 彩色燈 5 顯示 開啟

等待 1 秒 ▼

設置彩色燈 亮度為 5

選取 彩色燈 4 顯示 開啟

選取 彩色燈 5 顯示 開啟

等待 1 秒 ▼

設置彩色燈 亮度為 30

選取 彩色燈 4 顯示 開啟

選取 彩色燈 5 顯示 開啟

等待 1 秒 ▼

設置彩色燈 亮度為 5

選取 彩色燈 4 顯示 開啟

選取 彩色燈 5 顯示 開啟

等待 1 秒 ▼

關閉 彩色燈

哥哥，你看，我會讓汽車大燈像眨眼睛一樣閃呀閃，總共重複2次喔！

這個效果好有趣喔！但是，才閃爍2次，PyCode 就變得這麼長，如果想要閃爍更多次，有沒有更簡單的做法呢？

想要讓小拍重複執行相同的動作，就需要用到 ○ 迴圈 功能。迴圈就是「循環」、「重複」：

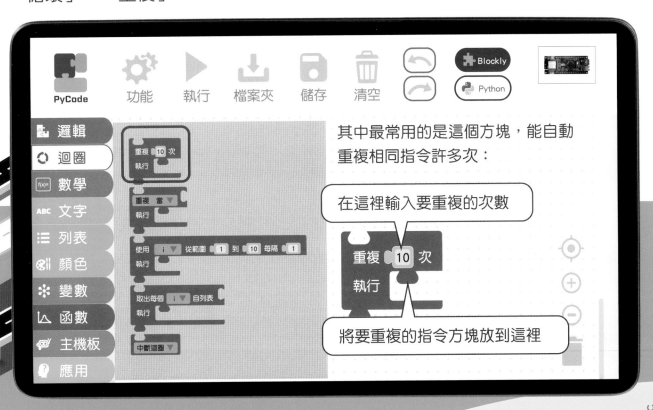

其中最常用的是這個方塊，能自動重複相同指令許多次：

在這裡輸入要重複的次數

將要重複的指令方塊放到這裡

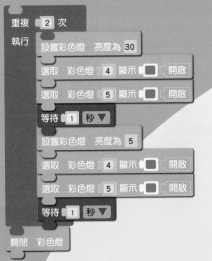

派奇考考你 ❷

現在莉莉的 **PyCode** 可以變得很簡短囉！小朋友，如果莉莉想讓汽車大燈閃爍的速度加快，並且重複 **20** 次，你知道該怎麼修改她的 PyCode 嗎？

建議方案請參考第 **49** 頁　　45

紅燈 停, 綠燈 行!

　　小波和莉莉準備開始「在家兜風」囉！除了汽車大燈，他們還要設計紅綠燈、路燈、行人專用紅綠燈的號誌變化。為了讓這個「迷你 AI 市街道」更有秩序，他們和派奇討論亮燈的方式和順序，並決定分成幾個步驟來完成任務。

　　小朋友，現在就加入他們的兜風之旅，
一起設計屬於自己的街道燈光吧！

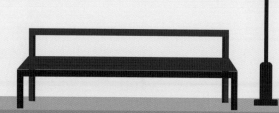

1. 確認任務目標：小波和莉莉想讓燈光怎麼亮？

我來負責調整汽車大燈的亮度！輪到我們家的車子前進時，大燈就變暗一些；等到我們停下來時，大燈就變亮一點！

預設亮度：10

亮度 20

亮度 5

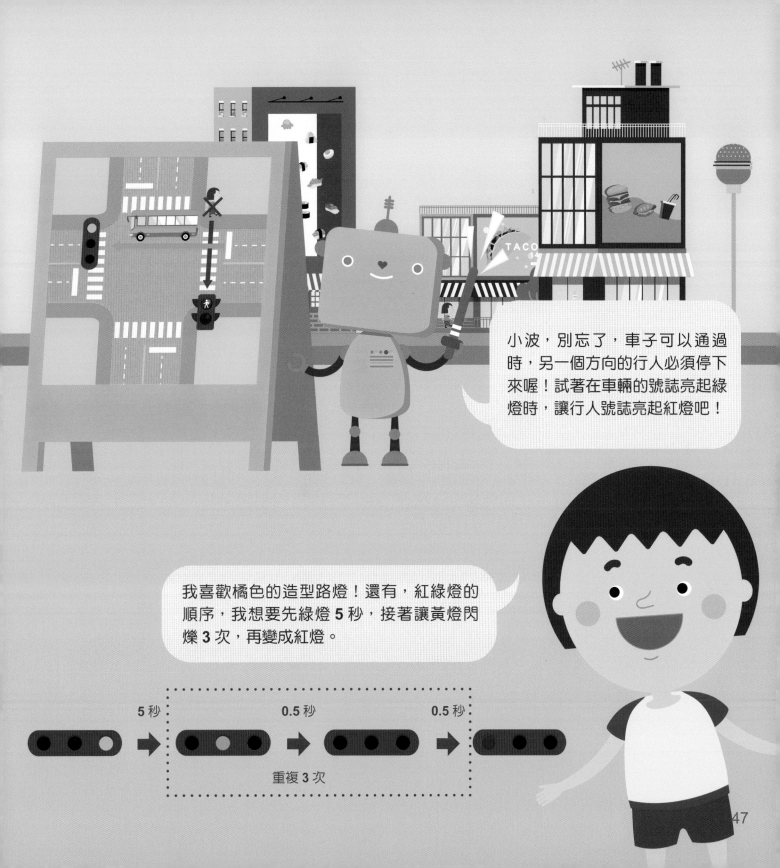

小波，別忘了，車子可以通過時，另一個方向的行人必須停下來喔！試著在車輛的號誌亮起綠燈時，讓行人號誌亮起紅燈吧！

我喜歡橘色的造型路燈！還有，紅綠燈的順序，我想要先綠燈 5 秒，接著讓黃燈閃爍 3 次，再變成紅燈。

5 秒 ➡️ 0.5 秒 ➡️ 0.5 秒 ➡️

重複 3 次

47

2. 達成目標的方式：想一想，如何用 PyCode 達成目標？

要改變汽車大燈的燈光亮度，莉莉可以怎麼做？

◆ 使用彩色燈方塊和「開啟」的組合來開啟汽車大燈，因為車燈有兩個（彩色燈 4、5），因此，共需要做 2 組。

◆ 接著再使用亮度方塊，改變亮度數值後，將要改變的彩色燈方塊組合接在下方。

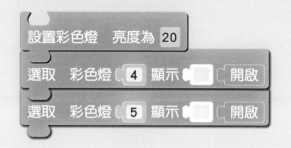

要同時控制行人紅綠燈和汽車紅綠燈，小波可以怎麼做？

先進行分組，接下來再以組別為單位組合方塊即可：

・第一組：汽車號誌 紅燈 + 行人號誌 綠燈

・第二組：汽車號誌 綠燈 + 行人號誌 紅燈

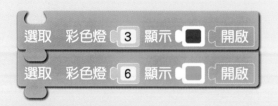

3. 進行實驗：

按下 ▶ ，確認燈光效果。
執行

小朋友，你喜歡我們的 AI 市兜風記嗎？你的兜風又會是什麼樣子呢？

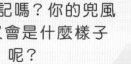

完成了！

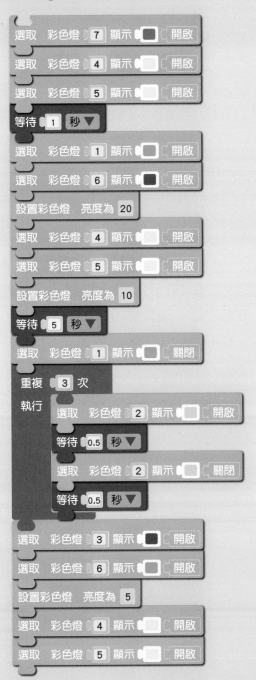

選取 彩色燈 7 顯示 ▮ 開啟
選取 彩色燈 4 顯示 ▯ 開啟
選取 彩色燈 5 顯示 ▯ 開啟
等待 1 秒 ▼
選取 彩色燈 1 顯示 ▯ 開啟
選取 彩色燈 6 顯示 ▮ 開啟
設置彩色燈 亮度為 20
選取 彩色燈 4 顯示 ▯ 開啟
選取 彩色燈 5 顯示 ▯ 開啟
設置彩色燈 亮度為 10
等待 5 秒 ▼
選取 彩色燈 1 顯示 ▮ 關閉
重複 3 次
執行
　選取 彩色燈 2 顯示 ▯ 開啟
　等待 0.5 秒 ▼
　選取 彩色燈 2 顯示 ▯ 關閉
　等待 0.5 秒 ▼
選取 彩色燈 3 顯示 ▮ 開啟
選取 彩色燈 6 顯示 ▯ 開啟
設置彩色燈 亮度為 5
選取 彩色燈 4 顯示 ▯ 開啟
選取 彩色燈 5 顯示 ▯ 開啟

派奇 解答時間！

❶ 改變車燈亮度

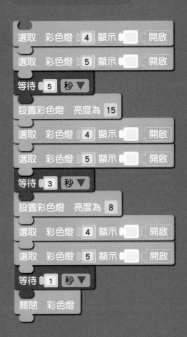

選取 彩色燈 4 顯示 ▯ 開啟
選取 彩色燈 5 顯示 ▯ 開啟
等待 5 秒 ▼
設置彩色燈 亮度為 15
選取 彩色燈 4 顯示 ▯ 開啟
選取 彩色燈 5 顯示 ▯ 開啟
等待 3 秒 ▼
設置彩色燈 亮度為 8
選取 彩色燈 4 顯示 ▯ 開啟
選取 彩色燈 5 顯示 ▯ 開啟
等待 1 秒 ▼
關閉 彩色燈

❷ 莉莉的新 PyCode

重複 20 次
執行
　設置彩色燈 亮度為 30
　選取 彩色燈 4 顯示 ▯ 開啟
　選取 彩色燈 5 顯示 ▯ 開啟
　等待 0.5 秒 ▼
　設置彩色燈 亮度為 5
　選取 彩色燈 4 顯示 ▯ 開啟
　選取 彩色燈 5 顯示 ▯ 開啟
　等待 0.5 秒 ▼
關閉 彩色燈

小朋友，我在這本書裡總共問了 2 個小問題，你都想好答案了嗎？現在，讓我來分享我的做法，看看我們的想法一不一樣吧！

燈的展示僅供參考，可依據個人喜好調整

吳宜蓉 | Special 教師獎得主、暢銷作家

　　夜幕低垂，但街頭並非是伸手不見五指的一片漆黑，到處閃爍著燦爛華美的人造光源。每個城市璀璨的市容夜景，都來自人類對於照亮世界的熱切渴望。啟動科技創發的往往不是無心插柳，而是費盡心力的特意為之。

　　於是這本書以生活中的照明設備做為知識的探照燈，交織各種知識應用，啟動問題探究的旅程，藉由人腦演算法思考實作的可能，透過務實有趣的動手組裝，進行簡易的程式編寫練習，進而照亮了孩子通往跨領域的視野！

　　文組到理組沒有那麼遙遠，經由本書的引導帶領，我們從認識照明的歷史，一路到可以自己完成照明的程式指令，製作出屬於自己的一閃一閃 LED 燈！理組到文組沒有那麼陌生，藉由本書的知識編排，每一個動手做的任務步驟，都有著真誠好奇的生活觀察與邏輯明確的文化脈絡。

　　這絕對是一本屬於孩子的童書出奇蛋！有歷史文化，有生活物理，還有程式運算耶！各種知識，一次滿足。一起跟著這本書上街去！讀出跨域的想像力，挑戰實作的執行力！你會發現陪著孩子一起破框思考實在太有趣！

楊棨棠（蟲蟲老師）｜臺南市寶仁國小自然科教師

　　近年吹起了一股學習程式語言的熱潮，但學習程式語言為的是什麼呢？其實學習程式語言的好處，主要是在訓練學生的邏輯推理能力。在 108 課綱中，課程希望學生學到的已經不是以往那些死板的知識，而是更著重在學生探索問題、發現問題與解決問題的能力。

　　在小學裡想要培養學生的探索能力，第一個想到的就是自然課，但其實使用學習演算法來訓練，可以更加直觀而且快速地得到成效。這也就是為什麼近幾年來，小學會把程式語言編列入課程內的原因。

　　《小小光線設計師——上街兜兜風》利用故事當作出發點，結合了科學發展史以及簡單又生活化的例子，讓學生可以更輕鬆地了解演算法運作的邏輯概念。

　　透過圖形化的程式撰寫介面，搭配簡單的任務進行挑戰，讓學生可以像玩遊戲一樣一步一步地學習，是一本值得小學生自學或親子共讀的玩具書。

AI 科學玩創意
小小光線設計師——上街兜兜風

AI 科學系列：AISA0004

作　　者：王一雅、顏嘉成
繪　　者：張芸荃
責任編輯：王一雅
美術設計：張芸荃
策　　劃：目川文化編輯小組
審　　稿：吳宜蓉、楊棨棠
科技顧問：趙宏仁
程式審稿：吳奇峯
教學顧問：翁慧琦
出版發行：目川文化數位股份有限公司
總 經 理：陳世芳
總 編 輯：林筱恬
美術指導：巫武茂
發行業務：劉曉珍
法律顧問：元大法律事務所　黃俊雄律師
地　　址：桃園市中壢區文發路 365 號 13 樓
電　　話：(03) 287-1448
傳　　真：(03) 287-0486
電子信箱：service@kidsworld123.com
網路商店：www.kidsworld123.com
粉絲專頁：FB「悅讀森林的故事花園」
電子教具：泫鉅科技股份有限公司
印刷製版：長榮彩色印刷有限公司
總 經 銷：聯合發行股份有限公司
電　　話：(02) 2917-8022
出版日期：2022 年 1 月
I S B N：978-626-95460-2-2
書　　號：AISA0004
售　　價：450 元

小小光線設計師：上街兜兜風 / 王一雅，顏嘉成作；張芸荃繪
. -- 桃園市：目川文化數位股份有限公司, 2022.01
52 面；22x23 公分 . -- (AI 科學玩創意)(AI 科學系列；
AISA0004)
ISBN 978-626-95460-2-2(平裝)
1.CST: 電腦教育 2.CST: 科學實驗 3.CST: 初等教育
523.38　　　　　　　　　　　　　　　111000093